*Les textes en haut de page sont
de Yann Redor,
ceux d'en bas de page sont
de Claire Châtelet.*

© 2017, Yann Redor, Claire Châtelet et les Éditions D'un Jardin, tous droits réservés.

UN PONT SUR L'ISÈRE

1

Sa main d'ancien
hésitante entre bouche et assiette
quelques gouttes tombent
nul ne l'a vu – nul ne le voit
le vieux est invisible

l'aiguille à broder
un instant en suspens
dans l'iris fané
d'une mémoire trouble
un restant de baisers

2

Le sentier s'efface
sur l'arête de rocailles
avant le précipice
un oiscau – un fils des vents –
s'envole vers nulle part

en boucle elle écoute
« la femme du vent »
jusqu'ici
sur ces falaises de craie
les mouettes sans frontière

https://www.youtube.com/watch?v=qd8ol12XxGY&list=RDqd8ol12XxGY#t=0

3

Bleu sur vert
le ciel du Haut Jura
clignant des yeux
je n'ai pas vu arriver
les nuages

en bord de Saône
la prairie va refleurir
un début d'orage
a chassé tellement plus
que l'enfance

4

Danse l'épervier
et les arbustes des haies
dansent les herbes
le vent – ou est-ce la brise ? –
nous ramène à tes fous rires

« c'est une buse »
grand-père m'apprend
les silhouettes noires
grand-mère pointe vers le nord
« voilà la bise »

5

Des barbelés au kilomètre
égratignent les regards
sur la verte prairie
les bergers ne crient ni sifflent
les chiens n'aboient plus

coupées ! les haies…
autour de chaque champ
par décret départemental
« la route m'appelle et m'attend »
et l'aubépine s'ensilence

6

La photo est jaune
regardée tant de fois
tant de fois
ce soir loin des éclats de rire
ta voix revient d'hier

oser – il aurait fallu
oser dire oser écrire oser
une fois au moins
elle a relu Ronsard
en brûlant ses regrets

7

Du platane
le vent secoue les feuilles
dans la lumière
tant de routes parcourues
et loin – loin encore

un dernier arrêt
avant de passer le pont
le canal alangui
témoigne entre Saône et Reyssouze
de l'auto-stop du non retour

8

Les barbelés hachent
l'étendue verte des prés
du plateau jurassien
rugir ah oui rugir
mais *meuhh* voilà – je meugle

une mer ancienne
sommeille sous la Bresse
les galets de moraine
ont fait place aux grands lacs
où nos troupeaux s'abreuvent

9

Avant son parfum
le bruit de la cafetière
envahit l'espace
un peu moins seul
d'avoir pensé à elle

Lapsang ou Darjeeling ?
dans le silence matinal
je revois des visages
vestiges de ces amants
aux semelles de vent

10

Ah la lune…
ses paillettes de givre
qui couvrent mon duvet
j'ai oublié mes rêves
pas de doute – ils étaient beaux

*bien calfeutrée
sous ma double couette
l'amie de mes insomnies
dans sa descente vers l'ouest
illumine mes rêveries*

11

Intense et fugace
sur les sommets de neige
le rose est passé
la montagne s'endort
et moi sur elle

ce crépuscule là
je voulais le cueillir
à son berceau
métisser jour et nuit
avec un peu d'or brut

12

Au cœur du jardin
un nouvel arbre s'élève
sans branche ni racine
le tronc est frêle mon enfant
comme tu l'étais hier

Poets' Corner gardens
dès qu'ils nous voient arriver
à l'heure de l'arrosage
une ribambelle de gosses
déboule des immeubles

13

Un rien de ciel bleu
s'échappe des nuages déroulés
par la traîne
dans l'humidité du vent
les feuilles paraissent plus vertes

les vallons d'hier
si proches du pays de l'exil…
souvent j'ai scruté le ciel
gonflé des marées si lointaines
d'où l'aïeul n'est pas revenu

14

Un pont enjambant l'Isère
un autre enjambant le Drac
d'autres encore
et nous voici de nouveau séparés
divisé à jamais

le seul mot confluence
me ramène parfois en songe
à ce qui ne peut plus être
de la Saône et du Rhône le sculpteur
a capté l'impossible

15

La montagne exhale
un nuage blanc
lourd épais et figé
trois jours sans odeurs
trois jours à ne rien sentir

*ici les immeubles
continuent de pousser
notre East End
transformé à jamais
et nous…* powerless

*longtemps après
les larmes sont venues…
sa dépouille
et elle née de cette chair roidie
si vivante à mes côtés*

16

Par intermittence
des chants d'oiseaux s'élèvent
au milieu de la ville
j'entends ainsi
par intermittence

balade au parc
pour quêter le silence
au cœur de Londres
les perruches à collier éraillent
mon enfance-bocage

17

Assis
couché
assis
ce mois de mai hélas
couleur d'ennui

allongée
de plus en plus
souvent
la fadeur imprègne
tant de maintenant

18

Pluie et un nuage
un coup de gomme
sur l'horizon d'Isère
hier pourtant
les montagnes enneigées

de la « purée de pois »
ne reste que le mythe
les vieux pourtant
content encore l'épaisse brume
enlacée aux fumées d'anthracite

19

Mourant
multipliant l'instant
par mille
dans un seul but
revoir tomber la neige

suspendue
au dernier souffle
sans voix
attendant la visite
d'on ne sait qui

20

Sur le Moucherotte
un nuage s'effiloche
nonchalant
mai dénude le prunier
de ses pétales

*un congère rose
dans chaque caniveau
flânerie
entre ombre et lumière
au gré des cumulus*

21

Sur le chuintement des pneus
résonnent les coups du tonnerre
l'Isère grossit
du bourdon et du papillon noir
les ombres s'étirent

flux reflux des eaux
et des relents saumâtres
à Tower Bridge
de plus en plus familiers
les cormorans d'antan

22

Bruit de goutte
après bruit de goutte
la pluie
si long ce matin de mai
passé à ne rien faire

deux rouges-gorges
guettent nos mouvements
ces mottes de terre
au milieu des immeubles
signalent un renouveau

23

Ombres et lumières
derrière les persiennes
le lit éventré
et les pneus sur l'asphalte
murmurent leurs suçons

des tissus de sari
comme simple rideaux
filtrent le jour
au carrefour des voitures
s'arrêtent puis repartent

24

Tout converge ici
vers les sommets étirés
le ciel et l'homme
la dernière neige appelle
je partirai demain

jalon de mes voyages
ici s'achève mon ère solutréenne
seule sur la Roche
j'ai embrassé la préhistoire
au loin les Alpes s'embrasaient

25

Un flocon de neige
sur le bout de la langue – posé
le bruit des vagues
sous un nuage paresseux
le sable quitte la plage

quelques galets
posés près de l'âtre
un nouveau rivage
se dessine dans l'hiver
d'une mémoire remaniée

26

La route du nord
péage après péage
entre monts et vallées
à un bout comme à l'autre
rien – personne – le vent

passé Lille l'incertitude…
combien de ferrys ont bercé
mes nausées
ni d'ici ni de là
encore moins d'ailleurs

27

De granite brut
le roc du dernier ancrage
de sa dépouille
il était là – au bastingage –
à scruter l'horizon

Mendoza
les arabesques du M
se fanent lentement
sur le papier jauni les traces
de l'ancêtre en fosse commune

28

Les foins sont mouillés
l'orage
l'orage a tout dévasté
quel départ craignais-tu
lorsque tu as dit reste

une odeur de moisi
dans la grange en pisé
cette année-là
le fourrage a manqué
et toi toi aussi

29

Mois des pollens
cent papillons sur les corolles
gourmands et affairés
ils butinent – battent des ailes
les jeunes gens lutinent

tant d'abeilles
dans les touffes de thym
à l'heure de pause
je descends au jardin tisser
des fuseaux de lavande

30

Milliers de flocons
la neige étouffe la nuit
de son silence
sur le trottoir de la ruelle
un spectre – et deux fées

dans la pénombre
de la salle d'expo
en arrêt devant
l'estampe d'Hiroshige
toute cette neige

31

Un enfant gazouille
au creux du lit de bois
son hochet en main
non loin le père la mère
et la grand-mère en paix

dans le fouillis de rouille
mon frère au grenier cherche
la bercelonnette
pour l'enfant du Viet-Nam
repeinte en blanc

32

Grand froid du nord
l'une après l'autre les vagues
au bord du fleuve
l'ancien occupé tranquille
à compter les hivers

*par bribes ils nous racontent
leur guerre contre les Japs
au bord du fleuve souvent
après mes gardes j'essaime (? pas je « récolte »,
plutôt ? essaimer c'est répandre)
ces tristes confidences*

33

L'été peut bien venir
je serai là – là il y a tant
sur terre et dans le ciel
les foins les pins
emmêlent leurs odeurs

il me faudra pour eux
moissonner les souvenirs
du grain et de l'ivraie
relier jusqu'aux racines
leurs histoires orphelines

34

Devant derrière
à gauche à droite un peu partout
l'odeur des gazons ras
deux rues plus loin
la tondeuse continue de hurler

à force d'abandon
l'herbe a tellement poussé
les briques de l'allée
se soulèvent pour les racines
d'arbres opportuns

35

Ils sont venus
les fleurs ont disparu
dans la clairière où il s'assied
le dos au sol il s'abandonne
réconforté par les nuages

*des légumes du Bengale
de plus en plus familiers
sur le marché
m'arrêter respirer reprendre
la mesure du temps*

36

Les cols ont rouvert
la tranquillité s'achève ainsi
en boue et herbes jaunes
mes pas sur le sentier montant
et l'eau qui chante

depuis la chapelle
de Vue des Alpes je contemple
les pics enneigés
hier à Oberalpen…
j'ai failli mourir

37

Grand voyageur
de la face cachée de la Lune
aux sommets de Vénus
il n'en dit rien
que des soupirs

rideaux fermés
le jour peut bien jouir
et la nuit nuire
je ferme les yeux pour
mieux me retrouver

38

De dernières neiges
en premières pluies
le printemps déroule ses jours
mi mai
et toujours pas de lettre

une grève des postes
à jamais a terni nos amours
mes mots écrits
en septembre tu reçois à Noël...
déjà elle t'avait séduite

39

Sur les sommets
la neige la pleine lune
et le renard
une ombre vagabonde
et affamée

au dédale des rues
je vais chercher la lune
dans le canal
j'en trouve deux bien rondes
tout près goupil réjoui

40

Neuvième nuit de mai
partant dormir
sous le cercle parfait de la lune
une aile de hulotte
souffle en fendant l'air

dans le vieux chêne
de l'autre côté de la route
deux chouettes
entre les heures du clocher
dessinent l'espace

41

Cette question
sous le mauve des lilas
qu'a-t-il pu advenir
du pied de seringa
que nous avions planté

de mes frênes au village
plus aucune nouvelle
l'allée du souvenir
me ramène aux tilleuls
dans le parc local

42

Je pars
sur une montagne
d'où je vais m'envoler
ami fidèle
le vent m'accompagne

si rapides
depuis les monts du Mâconnais
les nuages fondaient
sur les fenaisons fraîches
les sourcils du père froncés

43

Se croyant seuls
chevreuils et sangliers
s'ébattent à l'orée des grands bois
la nuit tombe sur l'intrus
ils resteront sous mes paupières

mes chers bois
où dorénavant je n'irai plus
abritent-ils encore
ces lièvres et chevreuils
qui peuplaient mes balades

44

L'océan
les jours passés à naviguer
tout est si loin
étendant le bras l'enfant
s'agrippe à la montagne

*la terre renversée
en sillons âcres et riches
ma fille ne sait pas
le monde et ses moindres replis
l'effraient encore*

45

Pas de vent
juste la brise
et assez pour voler
je tangue – je roule
un oiseau me distance

*souvent l'envol
pour des contrées contraires
derrière mes paupières
des paysages de lumières
plus vives qu'au dehors*

46

Suivant le serpent
de la route qui monte
à Saint Nizier
je ne m'envolerai pas
les nuages l'ont fait avant moi

les S de Tréffort !
dans la voix de la mère
quelle magie
moi si déçue du bord de la route
de cette sortie dominicale

47

Au dessus des prés
encore des plaques de neige
des jours passés
les framboisiers bourgeonnent
de part et d'autre du sentier

à pieds joints
sur la glace des ornières
pour créer des étoiles
le crissement des brisures
aux échos de rires

48

Un nuage blanc
dépasse d'un nuage gris
et du ciel bleu
dans le ciel du centre-ville
la cigogne vole en rond

nuages nuages
je voudrais d'autres mots
pour bien nommer
ces dérives essentielles
qui nettoient mes pensées

49

En route
sur le chemin du ciel
d'épais nuages
et trois gouttes de pluie
l'orage s'en vient et passe

en bas de la Roche
je les ai vus replier leurs ailes
artifi...cielles
les onze ans de l'enfant
là-haut, seules, elle et moi

50

Sur le chemin
poussés par les aboiements
brebis et agneaux
quelques gouttes d'eau fraîche
à la commissure des lèvres

*elles se culbutent
pour entrer dans l'étable
la mère du dernier né
se presse vers le box
pour un touche-museau*

51

Ah le ciel
d'ici j'observe des bouquetins
petits et grands
l'herbe nouvelle est verte
plus verte sous les ombres

invisible
pour quelques heures
au creux des hautes herbes
sur l'écran bleu de l'éphémère
je joue à saute nuage

52

Dans les rochers
le vent s'engouffre
déchirant de froid
nos cris
d'un piton à l'autre

*les sacs en plastique
que le vent déchiquette
dans le platane
au dehors seul mon regard
s'aventure*

53

Le chemin s'élève
sillon creusé vers la croix
sur la montagne
de l'autre coté des nues
le soleil attend le soir

sans un mot
l'improbable pèlerin
passe le gué
après tant de deuils
le calme de la marche

54

Assis au milieu
des odeurs de résine
pour le piquenique
en bouche les premières fraises
parfumées et fondantes

un écureuil gris
ose s'approcher
je griffonne
un peu de présent
dans mon moleskine

55

Croissant du matin
deux – au beurre
tant de temps passé
à ne pas en acheter
avant d'aller au lit

chaque samedi
un take-away chinois
nos gardes de nuit
ont besoin de rituels pour
un semblant d'anodin

56

Forts vents d'ouest
sur le Vercors les pilotes
interdits de ciel
patientent dans un pré
suivant la course des nuages

*l'écorce des platanes
jonche parcs et trottoirs
de rafale en risée
savoir se détacher
voire s'élever*

57

Le chant d'un moineau
dans l'obscurité mourante
du creux de mon lit
projeté d'un rêve à l'autre
je roule et me tends – vers toi

au cœur de l'insomnie
mes sens captent la ville
insoumise
l'indigence des caresses
implore l'infini

58

Déjà élevé
le soleil débute sa course
derrière des nuages
le moineau soudain s'est tu
du moins ai-je cessé d'entendre

de l'Ain timoré
à l'intime ignoré
à l'écoute
du chant des autres
cette envie de comprendre

59

Sur sa bicyclette
direction centre-ville
mon petit s'éloigne
plein de lui je pars léger
n'est-il pas plein de moi

valise en douane
je fouille son regard
retire une larme
du trop plein d'inconnu
toujours des rails

60

Posé dans un pli
un nuage se repose
délaissant le ciel
le matin hésite encore
à inquiéter les arbres

à vélo dans la descente
sur mes jambes nues
la brume fraîche
surprise à la montée
de l'air tiède d'octobre

61

Au dessus du vide
étirée d'Ouest en Est
l'arête enneigée
la joue collée au granite
j'oublie même ton prénom

tu parles d'aujourd'hui
je reviens au Clévieux d'hier
ce dehors
qui toujours t'appelle ailleurs
je dois le trouver au dedans

62

L'odeur du café
de ce jour me reviens
un mardi je crois
au jet tiède de la douche
tu m'effaçais peu à peu

sur le buvard rose
la tache d'encre s'agrandit
violette
si je n'écris pas maintenant
j'oublierai jusqu'à tes mains

63

D'un bout à l'autre
les frondaisons cévenoles
ondulent un peu
plus aigus les chants d'oiseau
dans les forêts d'ici

le murmure de la fontaine
ondoyait mes rêves imprécis
sous l'abri
enfin contre la terre sentir
ce que la ville anesthésie

64

Tout le monde dort
qui dans l'herbe sous les arbres
qui dans la maison
doucement il s'éloigne
sans qu'elle ne le rejoigne

tout le monde dort
qui dans l'herbe sous les arbres
qui dans la maison
doucement il poursuit
le chant aigu d'un oiseau

65

Le murmure persiste
du vent inquiétant les feuilles
au cœur de la nuit
te voilà nue et debout
noire sur un cercle de lune

*ah faire taire les sens
qui sans dessus dessous
s'emmêlent
au bruissement nocturne
et t'appellent en silence*

66

Alourdie de neige
la branche du cerisier plie
puis se redresse
sa paire de gants de laine
avant d'entrer dans le froid

de son vieux cadre
grand-père sourit encore
une gelée de coings
dans la bassine de cuivre
enivre nos mémoires

67

Un seul tournesol
dépasse du blond des blés
sur l'horizon bleu
je me rapproche je le vois
un peu plus à chaque jour

non c'était trois
trois tournesols sur l'horizon
au crépuscule
j'ai lancé un grand cri silencieux
très loin vers la Grande Ourse

68

En cercle parfait
les oies bernaches s'élèvent
sur la *tangenCielle*
le gel efface les rides
de nos baignades d'hier

la tête renversée
seule au milieu du lac
voilà Venus
l'heure où les hirondelles
font place aux pipistrelles

69

Tout au bout du quai
immobile sous sa casquette
le vieux marin
les cheveux poissés de sel
regardant vers hier

*le tiroir de noyer
refermé sur ses lettres
d'Argentine
elle a vécu de cousette
il fallait bien payer ses dettes*

70

L'étoile filante
rature dans la nuit chaude
de ce mois d'août
partis tous ils sont partis
laissant ce trou dans mon ciel

l'histoire continue
du livre qu'on referme
vos empreintes
sur chaque outil de l'atelier
dans chaque placard à tricot

71

Le quai s'étire – gris
d'un bout à l'autre du ciel
plein d'un seul nuage
allons monte dans ce train
ton départ n'est pas d'hier

pericoloso sporgersi
le TGV hermétique manque
de poésie
on m'avait pourtant avertie
nicht hinauslehnen

72

Après cet orage
quelques pas dans le nuage
parmi les volutes
m'employant à distiller
des gouttelettes de paix

la terreur traverse
un par un tous les ponts
notre quotidien
inchangé se concentre
sur d'infimes bienfaits
.

73

Envie de neige
de lune et de froid sec
et d'un long hurlement
hé la lune – entends tu
entends-tu la douleur

à la source tarie
des rares joies anciennes
on se souvient
des déchirures inutiles
et des pleurs enfouis

74

Ah ces chants d'oiseaux
avant l'heure où le soleil
éveille la brise
d'un brin de carex pas mûr
je taquinerai ta peau

réveillée un souffle
d'au-delà des montagnes
un frisson d'herbe
à l'heure où le rossignol
fait place à l'alouette

75

Gonflant les torrents
un reste de pluie d'orage
dévale les pentes
du jade et de l'émeraude
les coteaux prennent les verts

l'or du couchant
s'accroche à l'ocre des pisés
mes retours s'estompent
les blés d'autrefois mûrissent
au gré de mes soupirs

76

L'orage est passé
toute la montagne expire
ses vapeurs de nuits
au bord du nuage la sente
qu'un ruisseau envahit

ce matin-là
une rosée si abondante
la terre fumait
dans le soleil vorace
des regains en fleurs

77

Au bord du chemin
le muguet fleurit plus tard
en fin juillet
le dos offert au vent
comme lui je patiente

*le chèvrefeuille
a chopé le mildiou
je me tourne
vers la fleur de la passion
à peine éclose hier*

*une lente alchimie
dans la pénombre du sous-bois
l'odeur de mousse
recouvre cette longue attente
d'un quelque chose à venir*

78

Je pars au ciel
souffler sur les nuages blancs
céder dans le jour
aux chuchotements ténus
de la lumière et du vent

à cloche-pied
sur la case de départ
mes marelles de vie
entre bitume et amertume
et l'éclaircie du rire

79

Je quitte la terre
pour regagner mon abri
au sommet du ciel
entre étoiles et nuages
la folle douceur du vent

à peine un souffle
pénètre dans la chambre
où se terre l'envie d'ailleurs
sur l'aile d'un Quetzal
l'infini voyage au cœur du rêve

80

Très tôt ce matin
un nuage est passé là
par-dessus les haies
je l'ai renvoyé vers toi
chargé de foi et de force

à la nuitée
tout juste après l'orage
l'herbe a reverdi
sans rien voir j'ai senti
dans chaque tige le pardon

81

Trois longues journées
que les montagnes étouffent
sous le poids du ciel
sans fin l'Isère s'écoule
chante l'oiseau dans son nid

le bateau-bus
au départ de Greenwich
cette nuit sans lune
déroute le réconfort
de mes us sans coutumes

82

Matin à Dijon
scrutant le ciel des yeux
derrière la vitre
le bleu apparaît moins bleu
ces premiers jours de juin

déjà le nom des villes
défilent vers là-bas
au péage
je me suis tournée vers le souffle
de l'enfant endormie

83

La vérité brute ?
le ciel n'a pas de couleur
je sais – j'en viens
et je m'en vais de nouveau
voler dans le bleu du mensonge

ce rapport d'inversion :
la Terre sous un autre angle
bien avant le verlan
les mots se disloquaient
pour renaître traduits

84

Le bleu du ciel
le vent du jour m'y secoue
frénétiquement
j'aurais voulu y glisser
et voilà qu'il me repousse

                    the exhilaration
de nager dans les airs
je ne connaitrai pas
seule demeure l'exhilée
dans l'usure des mots

85

Des années de marche
d'Est en Ouest du Nord au Sud
inlassablement
le vent est une brûlure
au fond du fond des abymes

mort mon amie
j'évite de lire Issa
mon village
pour toujours tatoué
au plus fort de l'âme

86

Le grand corbeau pousse
et soliloque sa diatribe
par dessus la haie
"moi aussi" lui réponds-je
"et sans en faire un plat"

mon araignée totem…
suspendue entre ciel et terre
voilà ma demeure
un fil d'argent me relie
à l'essentiel

87

Mille éclats dans l'herbe
du collier brisé il reste
les perles de pluie
ses pantalons retroussés
yeux clos – elle ose et s'avance

dans chaque goutte
une graine d'aurore
ses paumes ouvertes
pour capter l'horizon
aux odeurs boréales

88

Les pluies ont lavé
le noir de la nuit de juin
il fait frais – enfin
les premiers chants d'oiseaux
s'envolent droit vers la lune

l'odeur des lilas
dans la transparence du jour
le miroir des flaques
reflète la course des nuages
pour un relent *d'espoir(=mauvaise odeur)*

89

Le vent de l'orage
a couché le plus vieux chêne
de notre futaie
le tronc fendu sous la fourche
présente deux demis-cœurs

des feuilles de lierre
deux libellules bleues
un galet
la danse nuptiale des cygnes
atout cœur… et deux ratons laveurs

90

Nuit de juin
nos regards se rejoignaient
sur la même étoile
traversant le ciel tout noir
deux vœux s'envolaient ensemble

à gorge déployée
nous avions tant ri et pleuré
'oh, une mémétéorite'
le soir de ses funérailles…
mais tu ne me parles plus

91

Blanc de lumière
la brûlure du soleil
débute son œuvre
les plis du regard se tournent
sur les coteaux les plus sombres

les aubes
du bout de la nuit
les seules
que je connaisse
sinon... je dors

92

Année de tempêtes
les jours s'enchaînent – nombreux
à perte de vie
la pluie d'orage ruisselle
sur mon flanc offert au ciel

la pandémique
ne fait plus la une
je ne dis rien
je ne dis plus ces impossibles
jeunes… à jamais

93

Vague de chaleur
le glacier dans la lumière
se rétracte encore
hé ne l'entendez-vous pas
il agonise – se meurt

sur la margelle
du puits condamné
des pois de senteurs
l'écho des sabots de la vieille
résonne dans la grange

94

Volontés ultimes
dans l'urne avec tes cendres
les non-dits d'antan
haranguer les étoiles
sans espoir de réponse

*sur la fine buée
des vitres au tain de nuit
vos noms
lentement s'apprivoisent
depuis l'acquis de nos terres*

95

Le nez au ciel muet
les mots s'expriment
avec tant de retard
brûlés ces fils emmêlés
 de sentiments occultes

*j'ai fouillé
jusqu'aux premières signatures
une simple croix
sur un document et celle
en pierre au fond du jardin*

96

De haine et d'amour
lin tissé en étoffe
aux couleurs d'émois
l'œil par-dessus l'épaule
observe l'arc-en-ciel

sur la toile de vos sueurs
mes broderies de soie
chaque perle de rocaille
efface peu à peu la tristesse
de vos paroles si peu tendres

97

L'écharpe d'Iris
allie à l'eau le feu
en de vifs pigments
opposés magnifiques
unis puis désunis

enfant de l'adoption
elle retrouve ses racines
un sari rouge
drape son corps de jeune femme
ses mains retrouvent la danse

98

Passés au prisme
les joies et leurs contraires
bien large spectre
canotage à Vincennes
une barque un père un fils

l'âme acérée
d'or et d'acier damassé
dans les bois de l'enfance
lièvres et chevreuils furtifs
dans un camaïeu de lumière

99

Borde les rames
ou mouille les avirons
douce galère
avant que tu n'appareilles
j'aurais aimé te dire…

vos cendres répandues
dans les âcres sillons…
le soc et la charrue
rouillent à l'ombre des sorbiers
mais j'esquisse des lignes

100

Donne-moi la main
rassurons nous ensemble
comme autrefois
trop chaud ou bien trop froid
le sang n'y suffit plus

un instant ton épaule
seulement un instant
là maintenant
nos routes parallèles
affirmament

ENVOI

"Ni Dieu ni maître"
ton tatouage bleu pâle
né de mains ouvrières
le drapeau noir d'hier
linceul sur ta dépouille

De Yann Redor :

Soleil Levant, Éditions L'iroli, Prix de haïbun, L'iroli 2012
Chemins croisés, Anthologie francophone de haïbun , Éditions Pippa, 2014
Un million d'éléphants, Recueil de haikus, Collection Solstice, 2014
Chemin des trois îles, Haïkus et tercets des jours de marche, Éditions Unicité, 2016
Rêve de vies, Haïbun, 5ème Prix du livre 2017 de l'APH, Lulu, 2017

Aux Éditions D'un Jardin :

Alhama Garcia, *Collines*, 365 Tanka (2014)
Alhama Garcia, *Le Radeau d'Héraclite*, Kabun (2015)
Nicole Gremion, *Haïkus et Tanka* (2015)
Haïkus d'Automne, collectif (2015)
André Cayrel, *Enchanter La Vie*, (2017)
Amoureuses, Tanka, collectif (2017)

(disponibles sur Amazon.fr. et Chapitre.fr.)

www.ingramcontent.com/pod-product-compliance
Lightning Source LLC
Chambersburg PA
CBHW020013050426
42450CB00005B/456